T0118136

ΗΩΣ

ΑΠΑΓΩΓΕΑΣ ΑΝΘΡΩΠΩΝ

EOS

ABDUCTOR OF MEN

POEMS BY

george wallace

TRANSLATED INTO GREEK BY

lina sipitanou

EOS: Abductor of Men (ΗΩΣ Απαγωγεας Ανθρωπων)
Poems by George Wallace
Translated into Greek by Lina Sipitanou

Special thanks to Matthew Veloudos

All contents Copyright © 2012 by George Wallace

All rights reserved.
No part of this book may be reproduced without
permission of the author or publisher, except for
brief quotes for review purposes.

This book is dedicated to the people of Greece.

Design: Kat Georges Design, New York
(katgeorges.com)

Cover photo: "Acropolis at Dawn"
© Paula Dixon (pauladixonphotography.com/)

First Edition

ISBN: 978-0-9884008-0-1

Text set in Gentium Plus.

Published by
Three Rooms Press, New York

www.threeroomspress.com
facebook.com/threeroomspress
twitter: @threeroomspress
info@threeroomspress.com

CONTENTS

ΕΝΑ ΜΙΚΡΟ ΠΕΤΡΑΔΑΚΙ:

> Με βρυχίσματα σαλεύει...
> Απ'τα κόκαλα βγαλμένη
> των Ελλήνων τα ιερά,
> και σαν πρώτα ανδρειωμένη,
> χαίρε, ω χαίρε, ελευθεριά!
> —Ύμνος εις την Ελευθερία, Διονύσιος Σολωμός, 1824

Στις 19 Απριλίου 1824, ο Τζορτζ Γκόρντον Μπάυρον πέθανε όπως πεθαίνουν οι ποιητές της συνείδησης, στην πολιορκημένη πόλη του Μεσολογγίου, στην Ελλάδα, έχοντας δώσει «τα μέσα, την υγεία και τη ζωή» του στον αγώνα για την ελευθερία, στον τόπο όπου γεννήθηκε η δημοκρατία.

Η αυτοκρατορία κατά της οποίας ο Μπάυρον τάχθηκε στο πλάι του ελληνικού λαού δεν υπάρχει πια. Ωστόσο δυο αιώνες σχεδόν αργότερα, έντεκα εκατομμύρια άνθρωποι στην Ελλάδα εξαναγκάζονται τα καταπιούν τη φτώχια και την υποδούλωση που τους επιβάλλει η Αυτοκρατορία του Χρήματος.

Ο αγώνας του Μπάυρον –και τα λόγια του Διονύσιου Σολωμού που μέχρι σήμερα διαφυλάττονται στον ελληνικό εθνικό ύμνο- θυμίζουν στους ανθρώπους της συνείδησης την ανάγκη να σταθούν πλάι σε εκείνος που μάχονται για την απελευθέρωση του ανθρώπινου πνεύματος όπου κι αν αυτό απειλείται... και να σαλεύσουν την ατάραχη επιφάνεια των νερών που πνίγουν την ελευθερία και την αξιοπρέπεια ενός λαού.

Ο θεός το ξέρει, δεν είμαι Λόρδος Μπάυρον, ούτε Διονύσιος Σολωμός. Ωστόσο αφιερώνω αυτό το βιβλίο στον λαό της Ελλάδας, και ποιος ξέρει ίσως βοηθήσει, ίσως πετάξει ένα βότσαλο σε αυτή τη λίμνη και σαλεύσει τα ατάραχα νερά της αυτοκρατορίας –στο όνομα όλων όσων αγωνίστηκαν στο παρελθόν και αγωνίζονται στο παρόν, για να απελευθερώσουν τον ελληνικό λαό και τον κόσμο.

Στην πραγματικότητα, είναι παγκόσμια η μάχη, από την Ουόλ Στριτ ως την πλατεία Συντάγματος και σε κάθε πλατεία και δημόσιο πάρκο ανάμεσά τους. Όπως όμως λέει και το μήνυμα που είναι χαραγμένο στην πέτρα, στην είσοδο της παλιάς πόλης: «Κάθε ελεύθερος άνθρωπος είναι πολίτης Μεσολογγίου».

Διανύουμε μια νέα ιστορική περίοδο κατά την οποία θα σταθούμε πάλι δίπλα στους πολιορκημένους Έλληνες του Μεσολογγίου ενάντια στις δυνάμεις που τους απειλούν.

> Η ωραιότης της φύσης, που τους περιτριγυρίζει,
> αυξαίνει εις τους εχθρούς την ανυπομονησία να πάρουν τη χαριτωμένη γη,
> και εις τους πολιορκημένους τον πόνο ότι θα τη χάσουν.

Αυτό λέει ο Διονύσιος Σολωμός, στο επικό του έργο, Οι ελεύθεροι πολιορκημένοι.

Χρειάζεται θάρρος για να κάνει κανείς αυτό που έκανε ο Μπάυρον. Ή ο Σολωμός. Όμως για τους ανθρώπους της συνείδησης –στα χρόνια του Μπάυρον ή και τα δικά μας- το να σταθεί κανείς στο περιθώριο και να μην λέει τίποτα μοιάζει αδύνατο.

George Wallace, New York, NY

i

ONE SMALL PEBBLE:

> *Upset the placid waters*
> *From the sacred bones,*
> *of the Hellenes arisen,*
> *and strengthened by your antique bravery,*
> *hail, o hail, Liberty!*

> — *from* Hymn to Liberty, *Dionysios Solomos, 1824*

On April 19, 1824, George Gordon Byron died the death of a poet of conscience, in the besieged town of Messolonghi, Greece, having given "his means, his health, and his life" to the cause of liberty in the place where Democracy was born.

The empire against which Byron committed himself to join the Greek people in defying no longer exists. But nearly two centuries since, eleven million people in Greece are being forced to swallow the poverty and enslavement forced on them by the Empire of Money.

Byron's struggle—and poet Dionysios Solomos' words, enshrined to this day in the Greek National Anthem—is a reminder to people of conscience of the need to stand shoulder to shoulder with those who battle for the emancipation of the human spirit wherever it is threatened . . . and to upset the placid surface of the waters that drown the freedom and dignity of a people.

God knows I'm not Lord Byron, or Dionysios Solomos. Anyhow I'm dedicating this book to the people of Greece and who knows, maybe it will serve to toss one small pebble into the pond, and upset the placid waters of empire—on behalf of all those who have fought in the past, and are fighting now, to emancipate the people of Greece and the world.

It's a global battle really, from Wall Street to Syntagma Square, and in every square and public park in between. But like the message carved in stone at the entrance to the old town says, "every free person is a citizen of Messolonghi."

This is a new era to stand with the besieged Greeks of Messolonghi against the forces which threaten them.

> *the beauty of nature which surrounds them*
> *increases the impatience of the enemies to conquer the region*
> *and the pain of the besieged losing it.*

That's Dionysios Solomos talking, in his great epic, *The Free Besieged.*

It takes courage to do like Byron did. Or Solomos. But for people of conscience—in Byron's day or our own—to stand on the sidelines and say nothing seems impossible.

George Wallace, New York, NY

ΗΩΣ

ΑΠΑΓΩΓΕΑΣ ΑΝΘΡΩΠΩΝ

EOS

ABDUCTOR OF MEN

ΤΟ ΣΚΟΙΝΙ ΠΟΛΛΩΝ ΕΘΝΩΝ

Είσαι πεντάχρονο κορίτσι
καίγεσαι στο μποτιλιάρισμα
σαν γυφτοπούλα μ' ένα
λουλούδι στο χέρι — κοίτα
είσαι ασημένιος ήλιος κοίτα
κάνεις έρωτα στην
πόλη του Σωκράτη είσαι έρωτας
για τον Θεό φωνάζεις
κι εσύ απαντώντας στον γείτονά σου.
ποτίζεις την αυλή με το
λάστιχο του κήπου και τα ρολόγια
ξεκουρδίζονται, ρολόγια ξεκουρδίζονται.
Είσαι λευκή σαν πούδρα ταλκ
είσαι ξανθιά σαν μάρμαρο λατομείου
λούζεσαι σ' ένα φράγμα
ιστορίας πιάνεις το φεγγάρι
στο ένα χέρι σαν πρόσφυγας της Σμύρνης που
γράφει τραγούδι για κοκκινόχειλα
φιλιά. Στην πόλη του Σωκράτη
μοιάζεις σαν καύτρα του τσιγάρου.
Στην πόλη του Σωκράτη μοιάζεις σαν
να λαχάνιασες σαν
το κεφάλι δυο φιδιών. Είσαι
πικροδάφνη είσαι γέρος που
πίνει και γελά με φίλους στο
καφενείο πλάι στον δρόμο, είσαι πόρνη
που μετρά λεφτά σε στάση λεωφορείου
και καφενείο φτιαγμένο με την πέτρα του
Λυκαβηττού είναι το όνομά σου. Τυλιγμένη
σε μεσονύχτια όψη αγαπώ την καρδιά σου.
Κοίτα παίρνω το ανοιχτό σου χέρι κοίτα
τα πανιά της αρμάδας σου τινάζονται σαν
σκύλος σπάνιελ του νερού. Κι είσαι έτοιμη
να μπλέξεις παντού σφυρίζεις
δυνατά στο σκοτάδι. Είσαι άφοβη στα μάτια
του κάθε άντρα κι οι παλάμες σου είναι
μάλλον μικρές συγκριτικά με το υπόλοιπό σου
σώμα. Και τα μάτια σου είναι άδειοι
δίσκοι. Στην πόλη του Σωκράτη

THE ROPE OF MANY NATIONS

You are a five year old girl
you are burning in traffic
like a gypsy girl with a
flower in her hand — look
you are a silver sun look
you are making love in the
city of Socrates you are the
love of God you are shouting
back at your neighbor. You
are watering the patio with a
garden hose and the clocks
wind down, clocks wind down.
You are white as talcum powder
you are bold as quarried marble
you are bathing in a sluice of
history you catch the moon in
one hand like a Smyrna refugee
composing a song about red-lipped
kisses. In the city of Socrates you
look like the end of a burning cigarette.
In the city of Socrates you look like
you have caught your breath like
the head of two snakes. You are
oleander you are an old man who
drinks and laughs with friends in
a roadside café, you are a prostitute
counting out money at a bus stop
and a café built from the rock of
Lycabettus hill is your name. Draped
in midnight look i love your heart.
Look I take your open hand look
the sails of your armada shake like
a water spaniel. And you are ready
for any kind of trouble you whistle
aloud in the dark. You are unafraid of
any man's eyes and your hands are
quite small compared to the rest of
your body. And your eyes are empty
platters. In the city of Socrates you

κουρδίζεις μια ισπανική κιθάρα και τα χείλη σου
ανοίγουν και τα δόντια σου είναι μαργαριταρένιες ψηφίδες
και τέλεια. Η θάλασσά σου που τα τουμπάρει
όλα είναι αγιασμός με χάντρες
μέσα της και μπλε δελφίνια να ξεπηδούν. Αφήνω
το βλέμμα σου να σαρώσει τον ορίζοντα σαν
βενετσιάνικη κανονιά. Αφήνω πίδακα
νερού να γράψει το όνομά του στο βλέμμα σου.
Ο εραστής σου με το μπαστούνι και το
στόμα του σαν σκορπιός και τους ευρωπαϊκούς του
τρόπους και τα πολλά βάσανα βρίσκει
προστασία κάτω απ' έναν κέδρο. Είσαι
η ανάσα που με ξυπνά είσαι ο
σκελετός που κρατά το παντελόνι του μην πέσει.
Το σκοινί πολλών εθνών, είσαι η
γύμνια του πρωινού το κουνιστό αλογάκι
των πολιτισμών. Η αρχή του χρόνου.

tune a Spanish guitar and your lips
part and your teeth are pearl inlay
and perfect. Your sea which capsizes
everything is holy water with beads
in it and leaping blue dolphins. I let
your gaze sweep the horizon like
Venetian cannonfire. I let a water
spout write its name in your gaze.
Your lover with his cane and his
mouth like scorpions and European
manners and many worries finds
shelter under a cedar tree. You are
the breath that wakes me you are the
skeleton that holds up its own pants.
The rope of many nations, you are the
nakedness of morning the rocking horse
of civilizations. The beginning of time.

ΤΟ ΤΡΕΝΟ ΓΙΑ ΤΗ ΧΑΛΚΙΔΑ: 20 ΣΧΕΔΙΑΣΜΑΤΑ

1. σταθμός λαρίσης. ένας άντρας βαστά κάτι σαν την παλίρροια στο ένα χέρι. κάτι γαλάζιο και χάντρινο σαν τη θάλασσα.

2. άκου! δεν είμαστε σε πυραμίδα. σκαλιά σηκώνονται απ' τα υπόγεια με κόσμο πάνω στο καθένα. ακλόνητα είναι όλα αυτά τα παγωμένα κορμιά. ακίνητα είναι τα μαλλιά μιας μητέρας.

3. τα μαλλιά μιας μητέρας είναι μαύρα. η μπλούζα μιας μητέρας σφίγγει τα γαλακτερά της στήθη. τρία παιδιά σε τροχιά γύρω της σαν ψάρια σε θάλασσα νετρονίων.

4. μια κοπελίτσα κοντανασαίνει. μπήκε σε λάθος τρένο. όταν μια κοπελίτσα κοντανασαίνει τα μικρά της στήθη πατιούνται σαν σταφύλια πάνω σε τείχος από συρρέοντες επιβάτες.

5. ένας σταθμάρχης περιδιαβάζει πάνω στη σκόνη του δρόμου. γυρνά απ' την ταβέρνα κάτω από τους ευκαλύπτους. είναι είκοσι πέντε σκαλιά ως τον σταθμό.

6. στο τοπίο ψηλά κάτι δεν πάει και πολύ καλά. είναι πράσινο σαν ζαφείρι. είναι ρητινώδες σαν πεύκο που αιμορραγεί. είναι στεγνό σαν το πρώτο σύννεφο που αναδύεται απ' το έδαφος.

7. όταν λέμε σύννεφο εννοούμε επίσης και «μη σύννεφο». όταν λέμε σύννεφο εννοούμε επίσης λευκή δαντέλα. Όταν λέμε ρείκι εννοούμε τον ουρανό που τρίφτηκε για να στεγνώσει.

8. ουρανός που τρίφτηκε να στεγνώσει σημαίνει σκιές κίτρινης πεταλούδας.

9. σε μια ορεινή πόλη το υδραγωγείο το κονταίνει η βουνοκορφή. το υδραγωγείο μιας ορεινής πόλης κονταίνει από μόνο του. σαν ουρανός. σαν σπασμένο μπουκάλι σκούρας μπύρας στο πλάι χωματόδρομου. την μπύρα τη λένε μύθο.

10. μερικά ελιόδεντρα δραπετεύουν απ' την κοιλάδα και κυνηγιούνται σαν παιδιά προς το ορεινό πέρασμα. δεν είναι χώμα είναι άμμος. κι ένας στρατός από σπαρτά.

THE TRAIN TO HALKIDA: 20 SKETCHES

1. larissa station. a man is holding something like the tide in one hand. something blue and beaded like the sea.

2. listen! this is no pyramid. steps rise up from underground with people on each one of them. what is unswerving are all these frozen bodies. what is motionless is a mother's hair.

3. a mother's hair is black. a mother's blouse is tight against her milky breasts. three children orbit around her like fish in a neutron sea.

4. a young girl is breathless. she has gotten on the wrong train. when a young girl is breathless her small breasts crush like grapes against a wall of onrushing passengers.

5. a station master strolls across the dust of a road. he has come from a taverna under the eucalpytus trees. there are twenty-five steps to the station.

6. in the high landscape something is not quite right. it is green like an emerald. it is resinous like a bleeding pine. it is dry like the first cloud that rises out of the ground.

7. when we say cloud we also mean 'not cloud.' when we say cloud we also mean white lace. when we say heather we mean the sky scrubbed dry.

8. sky scrubbed dry means shadows of a yellow butterfly.

9. in a hill town a water tower is dwarfed by a mountain top. a hill town water tower is dwarfed by itself. like sky. like a smashed bottle of brown beer along a dirt track. the beer is called mythos.

10. several olive trees escape the valley and chase each other like children up a mountain pass. it is not soil it is sand. and an army of broom plants.

11. ένας εργάτης με το μπλε κασκέτο του. κλωτσά στην άκρη ένα
    κόκκινο τούβλο. πίσω απ' τα φορτηγά βαγόνια ένας άλλος άντρας
    βάζει δερμάτινα γάντια. ετοιμάζεται για τη δουλειά.

12. μια στρογγυλή εκκλησία φυτεύεται σε βράχια. ένας μικρός σταυρός
    φυτεύεται στην κορφή της. μια στρογγυλή εκκλησία γίνεται στρογγυλότερη.
    κοίτα! μια μικρή κατολίσθηση πέτρες πέφτουν μες το φως του ήλιου.

13. ένα θραύσμα βουνού είναι βουνό. το βουνό κόπηκε και φορτώθηκε
    για να χτιστούν πολυκατοικίες. μια πόλη με έξι εκατομμύρια κόσμο
    να ζουν μέσα της είναι βουνό.

14. θάμνοι λαχταρούν τα κόκκαλα γέρικης κατσίκας, όπως η σαύρα που
    σέρνεται πάνω στον κυματιστό τενεκέ λαχταρά έναν υπνάκο μακριά
    από τον ήλιο.

15. τα πλευρά του σκαμμένου λόφου είναι πέτρινα και ρημαγμένα. το
    λατομείο είναι πέτρινοι τάφοι δέντρων που κάποτε ήταν λευκά και
    ψηλά σαν άνθρωπος. Η ροζ μιμόζα είναι σε πλήρη τραγουδιστική
    άνθιση πάνω απ' το γρύλισμα του δεσποινόχορτου.

16. στο σταυροδρόμι ένα χοντρό σκυλί χαμογελά στο αφεντικό του. στο
    σταυροδρόμι ένα λιγνό σκυλί οσμίζεται μια σιδερόπορτα.

17. το ρείκι δεν μέλωσε ακόμα. σ' αυτόν τον σταθμό η άμμος αρκεί για
    να φτιάξεις τσιμέντο. πέρα απ' τον μπλε σωρό των βαρελιών με τα
    χημικά, η πεδιάδα είναι ωμή και κίτρινη και τραγουδά με το σανό.

18. θάλασσα πάλι! πλάι σε μια διαφημιστική πινακίδα που πάλλεται με
    τον άνεμο κυκλώνουμε κίτρινη ανοιχτή θάλασσα. η χαλκίδα είναι
    γαλάζια κύματα που ορμούν κάτω από μια κινητή γέφυρα -κι από τις
    δυο της μεριές.

19. ένα μοναχικό αγόρι κάνει μπάνιο κοντά στις γραμμές. παιδικά πόδια
    χαστουκίζουν την παραλία. έχει ποδόσφαιρο, η ταβέρνα εκρήγνυται
    με τη θυμωμένη αναρχία του χειροκροτήματος.

20. ο λαιμός που φτιάχνουν τα θαλασσοπούλια! η χαλκίδα ξεχύνεται
    σαν φως φαναριού μέσα σε βροχερό σύννεφο. σαν μισόλιτρο ρετσίνα
    σε γυάλινη καράφα, στροβιλιζόμενη.

11. a working man is in his blue cap. he kicks aside a red brick. behind the box cars another man is putting on a pair of leather gloves. preparing for work.

12. a round church plants itself in rock. a small cross plants itself in its crown. a round church grows rounder. look! there is a small avalanche of stones falling into sunlight.

13. a fragment of mountain is a mountain. a mountain is cubed and stacked for building apartment houses. a city with six million people living in it is a mountain.

14. bushes hunger after the bones of old goats like a lizard creeping across corrugated tin hungers for a little shut eye, out of the sun.

15. the ribs of a quarried hill is rocky and ruined. the quarry is rock tombs of trees that were once white and tall as a man. pink mimosa is in full singing bloom over a snarl of honey weeds.

16. at the crossroads a fat dog smiles at its master. at the crossroads a skinny dog sniffs an iron gate.

17. heather is not honey yet. at this stop there is plenty of sand for making cement. except for the blue stack of chemical barrels the plain is raw and yellow and singing with hay.

18. sea again! by a billboard pitched with wind we skirt a high yellow sea. halkida is blue waves rushing through a drawbridge in both directions.

19. a solitary boy bathes by the railroad track. children's feet slap the esplanade. football is on, a taverna explodes with angry anarchy of applause.

20. this throat of sea birds! halkida pours itself out like a lamp light in a rain cloud. like a half liter of retsina in a glass pitcher, swirled.

ΑΦΘΟΝΟ ΓΑΛΑΖΙΟ

Τι δεν είναι; Κάτι σαν κακο-
ήθεια, όχι απλώς περιέργεια. Κάτι
που εκείνη ανακαλύπτει στο πετάρισμα άγριων
πτηνών ή εκεί γύρω στην αυγή. Η σκοτεινή εικονική
ψύχρα απ' ένα ξωκλήσι στην κορυφή του λόφου που λιάζεται με
τρόπο βυζαντινό. Κάτι λευκό
ξεπλυμένο περιδιαβάζει σ' αυτά τα
δρομάκια σαν αλανιάρης γάτος. Λεπτό σαν χαρτί,
σαν τον ιδρώτα του μεσημεριού που λιμνάζει
στις μασχάλες της. Ή αλλιώς μπλε εξάτμιση από
μοτοσακό. Στυφό σαν καπνός.
Επτά αραβόπουλα μαζεύτηκαν γύρω
της στη βάση του πύργου του ρολογιού. Απα-
σχολούνταν, τρυπώντας με μπλε μελάνι το
χέρι του όγδοου αγοριού. Τώρα σταμάτησαν
να την κοιτάξουν από πάνω ως κάτω. «Του
έκαναν ταττού της φυλακής» γελά εκείνη,
τρέχει προς το μέρος τους σαν να φιλμάρει ντοκιμαντέρ
με μια φαγούρα που δεν μπορεί να ξύσει. Το
συνεργείο της τραβά απ' άλλη γωνία, πιο
κολακευτική. Λιακάδα ριγεί απ' το
γαλάζιο Αιγαίο και το φως της μέρας ξεκινά
ξέθεο την αναρρίχησή του στη γαμήλια τούρτα τον ουρανό.
Γαλάζιος λευκός ουρανός. Άφθονο γαλάζιο.

PLENTY OF BLUE

What isn't? Something like wicked-
ness, not merely curiosity. Something
she discovers in the fluttering of wild
birds or around dawn. The dark iconic
cool of a hilltop church basking in the
Byzantine manner. Something white
washed wanders through these back
alleys like a street cat. Paper-thin,
like the sweat of midday pooling
in her armpits. Or else blue exhaust
from a motor scooter. Acrid as tobacco.
Seven Arab boys have gathered around
her at the base of the clocktower. They
have been busy, pricking blue ink into
the arm of an eighth boy, Now they've
stopped to look her over . 'They were
giving him a prison tattoo,' she laughs,
runs to them like a film documentarian
with an itch she cannot scratch. Her
camera crew cuts to a new angle, more
flattering. Sunlight shudders out of the
blue Aegean and daylight begins its
weary climb into wedding cake sky.
Blue white sky. Plenty of blue.

ΓΥΝΑΙΚΑ ΜΕ ΕΠΙΛΟΓΕΣ

Δουλεύω σαν μοδίστρα σαν μυλωνού σαν εργοστασίου
χέρι ζω χωρίς ασανσέρ και βάζω τα πράγματα σε σειρά με
ένα μολύβι στα χείλη τρίβω χύτρες σιγοβράζω τα πουκάμισά σου στο
πλυντήριο μια γυναίκα που τη διαβάζεις σαν επικεφαλίδα
την τινάζεις να ανοίξει σαν σουγιάς για να ξεφλουδίσεις
μήλο.

Πιάνω τα μισά απ' όσα λες και δεν με νοιάζουν
τα υπόλοιπα αλλά ακούω ευγενικά και σηκώνομαι μες
τη νύχτα με κρύο ιδρώτα όταν πια τα βάλω σε σειρά.
παριστάνω την εντυπωσιασμένη με τους τρόπους σου του δρόμου
και το στραβό σου χαμόγελο.

Σ'αφήνω να πιστεύεις ότι με κατέχεις κι ότι μπορείς να με κατευθύνεις
όπως εσύ θέλεις — απ' το χέρι απ' τους γοφούς
απ' τα μαλλιά απ' τα λαγόνια — τρώω μαζί σου περπατώ
μαζί σου σε κουνάω στην αγκαλιά όταν φοβάσαι κι ακούω
σιωπηλά όταν πέσεις στα πολύ βαθειά ή στα τόσα πολλά
προβλήματα που απλώς δεν μπορείς να μιλήσεις.

Παρατηρώ τα πλοία με σένα κάτω στο λιμάνι
τρώω παγωτό με σένα στο πάρκο φέρομαι πρόστυχα με
σένα στα μπαρ κι ακούω τις διαφάνειές σου και
χαμογελώ και σε φιλώ απανωτά και το εννοώ.

Αφήνω να με οδηγείς όποτε το αξίζεις λιγότερο.

Ακόμα και τη γραβάτα σου φτιάχνω σε φιόγκο μαγικό με τα
τριμμένα μου δάκτυλα, με την καημένη μου την καρδιά να χτυπά δυνατά
κάτω από τούτο δω το πουκάμισο. Ναι, αυτή η καρδιά, εκείνη που
μου 'δωσε η μάνα μου, που στρίβει και ζουλίζεται, λαμνοκοπά
στον άνεμο σαν πολιτικός που έχασε τις εκλογές.
Σαν ανεμοδείκτης. Σαν μύγα χωρίς φτερά στην
πλάτη. Σαν σκώρος σε ιστό αράχνης. Λαμνοκοπά σαν
πάπια σε λασπόλακο Ιούνιο μήνα.

A WOMAN OF CHOICES

I work as a seamstress as a mill girl as a factory
hand I live in a walkup and figure things out with
a pencil to my lips scrub pots stew your shirts in
the laundry a woman you can read like a headline
flick open like a penknife to scrape the skin off an
apple.

I get half of what you say and do not care about
the rest but listen politely and get up in the middle
of the night in a cold sweat when I do figure it out.
I act impressed with your street corner manners
and your crooked smile.

I let you think you own me and that you can lead
me however you want — by the hand by the hips
by the hair by the haunches — I eat with you walk
with you cradle you when you're afraid and listen
in silence when you're in too deep or in so much
trouble you just can't talk.

I take in the ships with you down by the harbor I
eat ice cream with you in the park act bawdy with
you in bars and listen to your transparencies and
smile and kiss you repeatedly and mean it.

I follow your lead when you least deserve it.

I even work your necktie into a magic bow with my
shopworn fingers, with my poor heart beating hard
under this shirt of mine. Yes this heart, the one my
mother gave me, twisting and turning, paddling in
the wind like a politician after he's lost an election.
Like a weathervane. Like a fly with no wings on its
back. Like a moth in a spider's net. Paddling like
a duck in a mud puddle in June.

Με πόνο ή φόβο ή έτοιμη να ανοιχτώ σκάζοντας αν πλησιάσεις
πολύ κοντά μου ή φερθείς έτσι απειλητικά όπως έκανε ο
πατέρας μου — ή αν νομίζεις ότι μπορείς να μ' αγγίξεις όταν
δεν είμαι έτοιμη ή να μου πεις ότι άλλη μια δουλειά χάλασε
και τα λεφτά για το νοίκι τα' χασες ή τα ήπιες ή
τα έπαιξες ή πολύ απλά τα χάλασες.

Αντέχω πολλά, όμως για καλό και για κακό όταν
έρθεις σε μένα φίλε καλά θα κάνεις να έρθεις στα ίσια —
με αλήθεια στα μάτια και καθαρά λόγια κι
ένα μπουκέτο φρέσκα τριαντάφυλλα για καθένα απ' τα παιδιά που
δεν μου έδωσες. Κι ελπίδα επίσης — από εκείνη τη συνηθισμένη
ελπίδα που δεν είναι φτιαχτή. Και με τα δυο σου χέρια
ν' ακουμπούν στα πλευρά.

Και με σεβασμό — πολύ σεβασμό. Γιατί σου το λέω
εδώ και τώρα είμαι γυναίκα με επιλογές. Επιλογές,
που να πάρει. Είμαι γυναίκα με επιλογές κι αν πιστέψεις για
μια στιγμή ότι μπορείς να μ' έχεις για πλάκα ή δεδομένη
ή να με παίξεις να με παραβλέψεις να με κακοποιήσεις να με αγνοήσεις ή
να με παραμερίσεις ή ότι μπορείς να με δουλέψεις —

Θα τρέξω ξωπίσω σου σαν ποτάμι που τρέχει πίσω από χάρτινο πλοίο την
ολέθρια άνοιξη. Θα γίνω η κατολίσθηση στην μικρή σου κοιλάδα.
Θα γίνω η προσωπική σου πύρινη θύελλα.

In pain or afraid or ready to burst open if you come
too close to me or act in that menacing way my father
used to — or when you think you can touch me when
I'm not ready or tell me another scheme's gone bust
and the rent money's missing or been drunk up or
gambled or just plain wasted away.

I can take a lot but for better or worse when you
come to me buster you better come to me straight —
with truth in your eyes and language that's plain and
a bouquet of fresh roses for each of the children you
never gave me. And hope besides — an ordinary kind
of hope that's not made up. And with your two hands
resting at your sides.

And respectful too — mighty respectful. Because I'm
telling you right now I am a woman of choices. Choices,
dammit. I'm a woman of choices and if you think for
one moment I can be taken for a ride or for granted,
or be toyed with or assumed or abused or ignored or
tossed aside, or that I can be monkeyed with —

I will take after you like a river takes after a paper ship in
fatal spring. I will be the rockslide in your pretty little valley.
I will be your personal hailstorm of fire.

ΑΝΕΜΗ

είσαι μικρό παιδί ακόμα με
ακουστικά στ' αυτιά — κλωτσώντας
σηκώνεις χαλίκι στην καλοκαιρινή
αυγή — όμως γραμμή υπό-
γειου τρένου τρέχει μέσα
στο κεφάλι σου — κομπρεσέρ
στις φλέβες σου, σειρήνα τραγουδά
στα επείγοντα περιστατικά της
καρδιάς σου & όπου και να
πας, πας ζωντανός νεκρός.
καρδιά γεμάτη βελόνες &
και μια κοιλιά από λαμαρίνα.
δεν έχεις πού να πας εσύ!
είσαι ανέμη,
βγήκε η ευχή σου μωρό μου
είσαι ανέμη.
μακάρι να 'χα την ομορφιά σου.
μακάρι να 'χα τις ευκαιρίες σου.
μακάρι να 'χα ένα δολάριο για
κάθε παιδί σαν κι εσένα — θα
αγόραζα μα τω θεώ σε καθένα
τους από ένα μεγάλο κόκκινο βαγόνι &
θα τους τσούλαγα έξω από την πόλη.
μακάρι να είχα ένα εικοσάρικο για
κάθε φλέβα που τρύπησες.
θα σε κατέβαζα απ' αυτό το τρένο
& και θα σε κάθιζα ξανά σε εκείνο το
ποδήλατο. μακάρι να 'χα ένα εκατομμύριο
δολάρια για κάθε λαμόγιο &
απατεώνα, για κάθε αλήτη ψεύτη &
δραπέτη σ' αυτούς τους δρόμους.

θα τους έστελνα όλους πίσω σπίτι τους
στο μέρος απ' όπου ξεκίνησες εσύ.

SPINNING WHEEL

you're just a little kid with
headphones on — kicking
up gravel in the summer
dawn — but there's a sub-
way line running through
your head — a jackhammer
in your veins, a siren singing
in your emergency room
heart & everywhere you
walk, the walking dead.
heart full of needles &
a belly of rolling steel.
no place to go for you!
you're a spinning wheel,
you got your wish baby
you're a spinning wheel.
I wish I had your looks.
wish I had your chances.
I wish I had a dollar for
every kid like you — I'd
buy every damn one of
them a big red wagon &
wheel them out of town.
I wish I had a twenty for
every vein you spiked.
I'd take you off this train
& put you back onto that
bike. I wish I had a million
dollars for every hustler &
cheat, for every bum liar &
runaway on these streets.

I'd send them all back home
to the place you came from.

Η ΚΑΡΔΙΑ ΤΗΣ ΚΑΙΓΟΤΑΝ
Η ΚΑΡΔΙΑ ΜΟΥ ΚΑΙΓΟΤΑΝ

Η καρδιά της καιγόταν η καρδιά μου
καιγόταν ανάψαμε σαν δυο
δέντρα σε δασική πυρκαγιά ούτε
καν ξέραμε τι θα πει πυρκαγιά —
ήμασταν ηλιοβασίλεμα και ω!
η λυπηρή όμορφη μυστηριώδης
κενότητα όλων αυτών κι ήμασταν
ΘΕΟΙ που κυνηγούσαν ορίζοντα θεού —
αυτοκρατορίες και αυτοκράτειρες —
ήταν ορμή ήταν
πεπρωμένο ατελείωτο καλοκαίρι
αδικαιολόγητα θαύματα
αχαρτογράφητες επικράτειες —
νύχτα κυματοειδής σαν παιδαγωγική —
ήταν το τέλειο κύμα, ω!
το σώμα μας έκρυβε τον ήλιο
το θράσος του εννοώ ή
μήπως ήταν απλώς το φεγγάρι —
θέλαμε όλο και καλύτερα —
και πιο επικίνδυνα —
κανείς δεν μπορούσε να μας μάθει
τίποτα — και τίποτα δεν μας
πείραζε — ούτε σκοτάδι
ούτε φόβος ούτε σκουντούφλημα τη νύχτα —
και πού είναι το πρόβλημα;
ποιο λάθος είναι τόσο φρικτό; αγαπιόμασταν
όπως οφείλουν οι άνθρωποι
να αγαπιούνται — πήραμε απ' τα μούτρα
ο ένας τον άλλον ρισκάραμε —
και ποιος να σταματήσει δυο ανθρώπους
που αγαπούσαν έτσι — ανθρώπους
που μπορούσαν να αγαπούν τόσο δυνατά όσο
εμείς — γιατί φίλε μου,
αν μπορούσαμε λέει — αγαπιόμασταν
όπως θα αγαπούσαμε
τον εαυτό μας — φυσικά —
λικνιζόμασταν με τα δέντρα —

HER HEART WAS ON FIRE
MY HEART WAS ON FIRE

her heart was on fire my heart
was on fire we lit up like two
trees in a forest fire we didn't
even know what fire was —
we were a sunset and o!
the sad beautiful mysterious
emptiness of it all we were
GODS chasing god's horizon —
empires and empresses —
it was momentum it was
destiny endless summer
unearned miracles
uncharted territories —
night rippled like pedagogy —
it was the perfect wave o!
our bodies blotted out the sun
i mean the audacity of it or
was it only the moon —
nothing too good —
nothing too risky —
nobody could teach
us nothing — and nothing
got to us — no darkness no
fear no bump in the night —
what's the problem with that?
what so terribly wrong ? we loved
each other the way people are supposed
to love each other — we got in each
other's faces we took our chances —
and who would stop two people
who loved like that — people
who could love as hard as
we could — because boy
could we ever — we loved
each other as we would
ourselves be loved — naturally —
we swayed with the trees —

κάναμε έρωτα ανίσχυροι —
όπως κάνουν τα ζώα —
βατράχια μύγες ελέφαντες λεοπαρδάλεις
κουκουβάγιες νυχτερίδες κουνούπια —
κι όταν τελειώναμε
τρέχαμε μ' ένα εκατομμύριο μίλια την
ώρα — η ήπειρος ήταν δική μας —
μηλιώνες χωράφια και αγροτόσπιτα περνούσαν
απ' το παράθυρό μας — η μέρα έκανε τόπο στη νύχτα
το φως του ήλιου στην ομίχλη — παίζαμε μια μουσική
που ούτε καν παριστάναμε πως την καταλαβαίναμε —
δεν έφτανε που χαθήκαμε! χαθήκαμε
στη βαθιά γαλάζια απίθανη ολισ —
θηρή αμερικάνικη οροσειρά
ομίχλη των πραγμάτων — δυο τρελοί
ταξιδεύουν σ' ένα όνειρο —
τρελοί ήμασταν —
καλοί χρυσοί
ήμασταν ευτυχισμένοι
σαν σκατά — όπως πλανιόμασταν
με τα βουβάλια
κανένας συγκεκριμένος
προορισμός το σπίτι —
νέα ορλεάνη
σαιν λούις
φλάγκσταφ
ήταν όλα
ψευδαίσθηση —
το ίδιο κι η νέα υόρκη
— όλα τόσο αποδεκτά
όλα τόσο όμορφα — ω, πόσο
τέλεια ταιριάζαμε στις αντιλήψεις
και τις γενικεύσεις
— οι γενιές
πήγαιναν κι έρχονταν —
βολίδα σαν
τους ινδιάνους —
αρκούσε
ήμασταν ευτυχισμένοι
ήταν η σειρά μας —
ήμασταν εντάξει κι

we made love helplessly —
the way animals do —
frogs flies elephants leopards
owls fruitbats mosquitoes —
and when we were done
we drove a million miles an
hour — the continent was ours —
apple farms fields and cottages zipped
by our window — day gave way to night
sunlight to fog — we played a music
we didn't even pretend to understand —
it wasn't enough we were lost! lost
in the deep blue impossible slip-
shod american mountain
mist of things — two fools
traveling in a dream —
fools we were —
good as gold
we were happy
as shit — roaming
with the buffalo
no particular
direction home —
new orleans
saint louis
flagstaff
it was all
an illusion —
so was new york
— all so acceptable
all so nice — o how
perfectly we fit the image
and the generalizations
— the generations
came and went —
whizz bang like
the indians —
it was enough
we were happy
our time had come —
we were ok and in

ερωτευμένοι — δυο χουφτώματα
σφιχτοδεμένα σε φρικτή
αγκαλιά — ανόητοι
σαν κρεμμύδια ηχηροί σαν
εξάτμιση μοτοσυκλέτας —
σαν την καταραμένη την
αιωνιότητα όλων αυτών —
σαν σεξ —
σαν ποτό —
σαν πύργος από τραπουλόχαρτα —
που στήθηκε για να σωριαστεί
πέφτοντας
κάτω

love — two spoons
locked in a terrible
embrace — stupid
as onions loud as
motorcycle pipes —
the whole damn
eternity of it all —
like sex —
like booze —
like a house of cards —
set up to come
tumbling
down

BLUE JEAN MARCO POLO

μια μαϊμού με τσίγκινο κύπελλο μού είπε το μέλλον
ένας έμπορος κιλιμιών με κέρασε τσάι
έπεσα στα χέρια και
στα γόνατα μαζί του
δεν κάναμε προσευχή
είχε πιάτα
μπρούτζινα δοχεία
δίσκους για τσάι
τσουβάλια σπόρο
αρώματα σε μπουκάλια
ελιές και λιβάνια
την οσμή κομμωτηρίου
κύπελλα από κρανία του αζερμπαϊτζάν βαφές
φρούτα ξηρούς καρπούς και λιαστό ψάρι
απ' την Κασπία
σανδάλια και ταμπούρια
είχε μπαχαρικά με το κιλό
όρη τα μπαχαρικά
μεγαλύτερα κι από άνθρωπο
στο χρώμα της μουστάρδας
στο χρώμα της κανέλας
στο χρώμα της κόκκινης πιπεριάς
και γλυκοπιπεριές και ζάχαρη
και φρουτένια ζελέ κι απίστευτο μοσχοκάρφι —
βουνά τα μπαχαρικά στο χρώμα του θαλασσινού αλατιού
και των ανατολικών βουνών —
κι ήταν αντρίκια δουλειά
το νταλαβέρι και το παζάρι
να καμώνεσαι και να χώνεσαι
να λες ψευτιές με τους άντρες
στο σκεπαστό σουκ
να χιμάς και να λυμαίνεσαι
να τσακώνεις και ν' αμολάς
αιχμαλωτίζεις αιχμαλωτίζεσαι
κλέβεις γοητεύεις και ξεπαστρεύεις
μπουσουλώντας διασχίζαμε
το χαλί του κόσμου
κι είχε τόπια μετάξι

BLUE JEAN MARCO POLO

a monkey with a tin cup told my future
a rug merchant offered me tea
i got down on my hands
and knees with him
we did not pray
there was plates
brass pots
tea trays
sacks of grain
perfume in bottles
olives and incense
the odor of headdresses
skull caps azerbaijan dye
fruits nuts and dried fish
from the caspian sea
sandals and tambourines
there was spices by the kilo
mounds of spices
bigger than a man
the color of mustard
the color of cinnamon
the color of red peppers
and pimentos and sugars
and jellies and incredible cloves —
mounds of spices the color of seasalt
and the eastern mountains —
and it a was manly thing to do
to haggle and to bargain
to dissemble and pry
to lie with the men
of the covered souk
to pounce and to prey
to catch and release
capture be captured
steal seduce and slay
we were crawling across
the carpet of the world
and there was rolls of silk

παντού και πασούμια και
χρυσαφικά κι ασημένιους σουγιάδες και
σκιά και φως και γατίσιες κραυγές απ́ το σκοτεινό σοκάκι
κι ένα αγοράκι να κρέμεται απ'το μανίκι μου
και χάρτινα νομίσματα ν' αλλάζουν χέρια
κι ήμασταν χίπηδες για πάντα
θαυμαστοί ταξιδευτές στο
σκεπαστό παζάρι
λέγαμε τα μελλούμενα
από μόνοι μας

blue jean
marco polo

everywhere and slippers and
gold jewelry and silver daggers and
shadow and light and catcalls from a dark alley
and a small boy tugging at my sleeve
and paper money changing hands
and we were hippies forever
miracle voyageurs in
the covered bazaar
we told fortunes
ourselves

blue jean
marco polo

ΝΑ ΔΕΙΣ ΕΝΑ ΚΟΛΙΜΠΡΙ Σ' ΕΝΑΝ ΚΟΚΟ ΑΜΜΟΥ

Δεν ήταν σύμπαν σ' έναν κόκκο άμμου. Ήταν κόκκος άμμου
μ' ένα κολιμπρί παγιδευμένο μέσα.
ήταν ο δικός της κόκκος άμμου κι ήταν ο δικός του κόκκος άμμου.
    αυτός πάσχιζε
να τον ξεπληρώσει. εκείνη αγωνιζόταν να τον ελέγξει.
κι όσο για μένα, ήμουν το κολιμπρί σε αλλουνού τον κόκκο της άμμου,
και προσπαθούσα να το σκάσω από κει.

TO SEE A HUMMINGBIRD IN A GRAIN OF SAND

it was not a universe in a grain of sand. it was a grain of sand
with a hummingbird trapped inside it.
it was her grain of sand and it was his grain of sand. he was struggling
to pay for it. she was struggling to control it.
as for me, i was the hummingbird in someone else's grain of sand,
trying to escape from it.

ΥΠΑΡΧΕΙ ΜΙΑ ΤΡΕΛΑ ΣΤΗΝ ΑΚΡΗ ΤΟΥ ΚΟΣΜΟΥ

Υπάρχει μια τρέλα στην άκρη του κόσμου
που της αρέσει να με γεμίζει και να μου πετάει βρισιές
σαν χρυσάνθεμο του θανάτου σαν δράκοντας χώρου στάθμευσης
σαν χαμένος καουμπόι στην όψη τελειωμένου φεγγαριού
μια τρέλα στην άκρη του κόσμου
που της αρέσει να με ντύνει καλά και να με σπρώχνει απ' την πόρτα
με μεταξένιο φουλάρι κι ένα οστό προσευχής
με ουράνιο τόξο στο καπέλο και μια καρό σημαία
να φορώ στηθοσκόπια και πατούσες σκύλου
και να βαδίζω γοργά μες τις σκληρές μουτζούρες

μια τρέλα στην άκρη του κόσμου
που μέσα της ξανά δεν μπορώ να χύσω την καρδιά μου
ούτε υποσχέσεις θυσιαστήριας πυράς ούτε ποίημα ούτε αίνιγμα
ούτε αψήφιστα στον θάνατο άλμα προσευχής
ούτε κάλπικα δάκρια
ούτε εκχιονιστήρας ελάφι νεκρό ρέστα και μπύρα
δεν έχω ελπίδα ούτε μαγεία
είμαι κολόμβος του υδρόμετρου
είμαι τουμπαρισμένο κανό
είμαι σελίδα σχισμένη απ' το βιβλίο των κοινών προσευχών
σπιρτόκουτο που δεν λέει να μ' ανάψει
ρυάκι που δεν μπορεί να τρέξει πολύ γρήγορα ούτε πολύ μακριά
είμαι πουλί με γιαπωνέζικο όνομα
που του αρέσει να πιάνει φωτιά
μες το μεσημέρι
κι είμαι η αδιόριστη κίνηση των φτερών του

τρέλα στην άκρη του κόσμου! δεν λες να πεθάνεις, δεν λες να
πεθάνεις και ούτε βγάζεις τον σκασμό και δεν έχω και τίποτα να κάνω
μέχρι να εμφανιστείς και δεν έχω και τίποτα να πω
μέχρι που νά 'ρθουν τρέχοντας οι μπάτσοι και το πλήθος να διαλυθεί
και δεν έχω κανέναν άλλον να το εξηγήσω αυτό το πράγμα
και κοιτάζω τριγύρω το βρεγμένο πεζοδρόμιο
με μια φάτσα σαν καθρέφτης ή σαν λακκούβα με λάσπη
μια λίμνη φάτσες που με κοιτάζουν κι αυτές κι ένας ανήλιαγος ουρανός
που έχω άμετρα γεμίσει με βλακώδη φιλιά

THERE IS A MADNESS AT THE EDGE OF THE WORLD

there is a madness at the edge of the world
which likes to fill me up and call me names
like chrysanthemum of death like   parking lot dragon
like lost cowboy on the face of an end run moon
a madness at the edge of the world
which likes to dress me up and push me outdoors
in a silk scarf and a bone of prayer
in a rainbow hat   and a checkered flag
wearing stethoscopes and dog paws
and trotting along in the hard scrabble

a madness at the edge of the world
that i cannot pour my heart back into
nor   promises of burnt offering nor poem or riddle
no   death defying leap of prayer
no counterfeit tears
no snowbucket deershot nickel back beer
i am without hope or magic
i am dipstick columbus
i an an upside down canoe
i am a page torn out of the book of common prayer
a box of matches that will not light me
a brook that cannot run me too fast or too far
i am a bird with a japanese name
that likes to catch fire
in the middle of the afternoon
and i am   the subtle movement of its wings

madness at the edge of the world!   you will not die,   you will not
die and   you will not shut up and there is nothing much for me to do
until   you show up and there is nothing much for me to say
until the cops come running and the crowd breaks up
and there is nobody else to explain this thing to
and i am looking around at the wet   pavement
with a face like a mirror or a mudpuddle
a lake of staring back faces and a sunless sky
that i   have unaccountably   filled up with moronic kisses

στο ανάερο απόγευμα όταν το σώμα μου θρηνεί
στα ψεύτικα δόντια της αγάπης σε πιστόλια καρφωτικά και τσιμέντο
και βανάκια αστυνομικά και ζαλισμένους απ' τις μπουνιές κατασκευαστές
υπάρχει μια τρέλα στην άκρη του κόσμου
στα ελαττωματικά προϊόντα στις σφυρίχτρες της πυροσβεστικής
και στο ματωμένο γήπεδο του γουίμπλετον
στο κόκκινο φως της παγερής παρέλασης
και σε ορισμένους καμβάδες του τζιακομέτι
υπάρχει μια τρέλα και της αρέσει να με βλέπει γυμνό
και της αρέσει να με βλέπει να καταριέμαι το φεγγάρι
της αρέσει να με βλέπει στο νεροχύτη του φόβου
και στο λυπηρό μου όστρακο από όνειρα
της αρέσει να με βλέπει σκαρφαλώνοντας να βγαίνω απ' το λαγούμι
με ένα παπούτσι μόνο
και να σηκώνω τη γροθιά μου ψηλά στον ουρανό
και να τον βρίζω

σαν ένα φίδι αλισάχνης
σαν ινδιάνος λακότα χωρίς λόγχη
σαν αδέσποτο σήμα καπνού

in the airless afternoon when my body weeps
in the false teeth of love in nailguns and cement
and paddywagons   and punchdrunk manufacturers
there is a madness at the edge of the world
in defective merchandise   in firehouse whistles
and on the bloody pitch at wimbledon
in the red light of the glacial parade
and on certain   canvases of   giacometti
there is a madness and it likes to see me naked
and it likes to see me curse the moon
it likes to see me in my kitchen sink of fear
and in my sorry clamshell of dreams
it likes to see me climb out of the gravel pit
with only one of my shoes
and raise my fist up at the sky
and call it names

like a serpent of seaspray
like a lakota without a spear
like a smoke signal gone astray

ΕΝΑ ΠΡΑΣΙΝΟ ΠΟΤΑΜΙ ΧΩΡΙΣ ΟΧΘΕΣ

δεν είμαι εγώ εδώ απόψε
να διπλώνω λευκές μαξιλαροθήκες
στο παράθυρο σ' ένα δωμάτιο
με την τσαγιέρα να βράζει
με το χιόνι να πέφτει
στα σανίδια της σκεπής
ν' ανεμίζω τη σημαία αυτή
της ραγισμένης καρδιάς
ανοίγω τα μάτια
χύνεται ποτάμι από μέσα τους
πράσινο ποτάμι χωρίς όχθες
που είναι πράσινη ρηχή θάλασσα,
στιλπνή με ψάρια πολλά
που ξαφρίζουν και κελαρύζουν
πράσινο ποτάμι με
προμηθεϊκά κύματα
κι ένα ζευγάρι μικρούλικα λευκά
πανιά να πλέουν στο μέρος
που πρέπει να βρίσκεται ο ήλιος —
να πλέουν εκεί
που πήγες εσύ

A GREEN RIVER WITHOUT BANKS

i am not here tonight
folding white pillowcases
by a window in a room
with a teapot boiling
with snow falling
on roof shingles
waving this flag
of heartbreak
i open my eyes
a river runs out of them
a green river without banks
which is a green shallow sea
sleek with many fishes
that skim and ripple
a green river with
promethean waves
and a set of tiny white
sails, sailing to where
a sun should be —
sailing to where
you have gone

ΑΔΕΛΦΗ ΓΥΦΤΙΣΣΑ ΣΤΙΣ ΤΣΟΥΚΝΙΔΕΣ

πρέπει να μου πεις
που ήσουν
καρδιά του ταγκό
χείλη σαν ατσάλι
σωτήρα χλωμού προσώπου
πρέπει να μου πεις
προς τα πού έτρεξες
σύννεφο από ερμίνα
ζαλισμένο ασπραγκάθι
πρέπει να μου πεις
με ποιον περπάτησες
αγγελιαφόρε λυκοπαγίδας
ποιον γάμησες
λεκιασμένη αιχμάλωτη
ποιος κοίταζε
πόρνη αγγέλων
στο όνομα του θεού σου
που μαζί του κουβεντιάζεις στο
βραδινό και γονατιστή
ο θεός σου που δεν παίζει
δίκαια με τους άλλους, ο θεός σου που
δεν απαντά ευγενικά στον κόσμο
πρέπει να μου πεις πού ήσουν
μητέρα εγκληματιών δολοφόνα θυγατέρα
λάζαρε τα μεσάνυχτα — πού πήγες τρέχοντας
ψευδοπροφήτη — τι είδες, σάπια δωρεά
τσέπη αδειανή γενέθλια πέτρα της δυστυχίας
αδελφή γύφτισσα στις τσουκνίδες

SISTER GYPSY IN THE THORNBUSHES

you have to tell me
where you've been
tango heart
lips like steel
paleface savior
you have to tell me
where you ran to
ermine cloud
dazed mayflower
you have to tell me
who you walked with
wolf trap messenger
who you screwed
tarnished captive
who was watching
whore of angels
in the name of your god
who you chat with over
dinner and on your knees
your god who does not play
well with others, your god who
does not answer people politely
you have to tell me where you've been
mother of criminals murderous daughter
lazarus at midnight — where you ran to
false prophet — what you saw, rotten bursary
empty pocket birthstone of misery
sister gypsy in the thorn bushes

ΣΠΟΡΑΔΙΚΕΣ ΛΑΣΠΟΛΙΣΘΗΣΕΙΣ ΣΤΗ ΒΡΟΧΗ

νέα υόρκη χειμώνας άκουγα όλα
όσα έλεγε γιατί
την σεβόμουν και επιπλέον
είχε πληρώσει και το δείπνο έτσι είπα
μήπως να μου το ξανάλεγες αυτό
ακόμα μια φορά αλλά με λιγότερο συναίσθημα
κάπως λιγότερο συναίσθημα και πολύ παραπάνω
πεζοδρόμιο, ραγισμένο πεζοδρόμιο είπα γιατί
περπατούσαμε κι είχα
ραγισμένο πεζοδρόμιο στον νου μου έτσι
αυτή μού το ξανάπε αλλά με πολύ μεγαλύτερη
ένταση και λίγο παραπάνω σκέψη
χωρίς όμως πολύ ραγισμένο πεζοδρόμιο για να το συζητήσουμε
έτσι προσπάθησα πάλι γιατί αλήθεια μ' ένοιαζε
τι έλεγε, ειλικρινά μ' ένοιαζε
και η επιτακτικότητα στα χέρια της
κι εκείνο το ελαφρύ, σφιγμένο τρέμουλο στη φωνή της
έτσι είπα γιατί δεν μου το δίνεις με
κάπως παραπάνω λάστιχο στο δρόμο γιατί
όποιος έχει υπάρξει μονάχος του στο l.a. έχει
βιώσει μίλια και μίλια αυτοκινητόδρομου
ατελείωτη λιακάδα τσουχτερό στα μάτια νέφος
τα κατακόρυφα φαράγγια και
σποραδικές λασπολισθίσεις στη βροχή
τώρα όμως θα ήταν
αδύνατον ένιωθα ότι είχαμε σχεδόν φτάσει
στο σέντραλ παρκ και απεχθάνεται το σέντραλ παρκ τη
νύχτα έτσι είπα γιατί δεν κάνουμε σαν το δέντρο και
γιατί δεν πάμε σπίτι σου να
φτιαχτούμε όμως όχι δεν ήθελε να πάμε
σπίτι της και να φτιαχτούμε κι όχι δεν ήθελε
να κάνουμε σαν το δέντρο και είπε εδώ είναι που το
λάστιχο συναντά τον δρόμο, παλικάρι
και είπε καληνύχτα είπε
καληνύχτα και μ' άφησε
μόνο στη γωνία
της ανατολικής 85ης οδού και της πέμπτης λεωφόρου
μονάχο μου στη νέα υόρκη
να αναρωτιέμαι τι είπα
που ήταν λάθος

OCCASIONAL MUDSLIDES IN THE RAIN

new york city in winter i was listening to
everything she was saying because
i respected her and furthermore
she had paid for dinner so i said
why don't you run that one past me
one more time but with a little less feeling
a little less feeling and a lot more
pavement, cracked pavement   i said because
we were walking along and i had
cracked pavement on my mind so
she gave it to me again but with a lot more
amplification and a little more reflection
but not much cracked pavement   to speak of
so i tried again because i did care about
what she was saying honestly i did care
and the urgency in her hands
and that square little quiver in her voice
so i said why don't you give it to me with
a little more rubber on the road because
anyone who has been lonely in l.a. has
experienced miles and miles of highway
endless sunshine eye-stinging smog
the precipitous canyons and
occasional mudslides in the rain
but now it was going to be
impossible i could tell it was nearly
central park and she hates central park at
night so i said why don't we make like a tree and
why don't we go back to your place and get
high but no she didn't want to go back
to her place and get high and no she didn't want
to make like a tree and she said this is where
the rubber meets the road boy
and she said goodnight she said
good night and she left me
alone at the corner of
east 85th street and fifth avenue
lonely in new york
wondering what it was
i said wrong

Η ΜΗΤΕΡΑ ΓΗ ΔΕΝ ΠΕΘΑΙΝΕΙ

δεν είναι νεκρή απλώς προσποιείται
πως είναι νεκρή τα άδεια κουτάκια της σούπας των
ματιών της είναι στην πραγματικότητα πασχαλιές ετοιμάζονται
ν' ανθίσουν —

ο μεγάλος άνεμος χτυπά πάνω στον θώρακά της
δεν είναι καρδιά δολοφόνου δεν είναι γραμμή συναρμολόγησης
για αυτοκίνητα ή βάζα με τουρσί το άδειο
διάπλατο στόμα της όχι!

δεν είναι αυλόπορτα εργοστασίου που κλυδωνίζεται άδεια σαν αυγή
τα ετοιμοθάνατα φουρνέλα των μαστών της δεν
ζαρώνουν στο κρύο καθόλου όχι όχι είναι
η υπόσχεση της άνοιξης

MOTHER EARTH IS NOT DYING

she is not dead she is only pretending
to be dead the empty soup cans of her
eyes are really lilacs they are getting
ready to blossom —

the big wind beating against her ribcage
is no murderer's heart no assembly line
for automobiles or picklejars her empty
gaping mouth no!

no factory gate swinging empty as dawn
the dying furnaces of her breasts are not
withering in the cold at all no no they are
the promise of spring

ΠΡΕΠΕΙ ΝΑ ΜΠΑΙΝΟΥΜΕ ΣΤΟΝ ΦΟΥΡΝΟ
ΣΑΝ ΝΑ ΗΤΑΝ ΝΑΟΣ ΘΕΩΝ

το κατάστημα ηλεκτρικών ειδών είναι έδρα μυστικών πιο πολύτιμη
κι από μοναστήρι κουνγκ φου. τα χασάπικα γνωρίζουν το νόημα
της θυσίας. τα σκουπιδιάρικα κάνουν το ιερό έργο των πολιτισμών.

φορτηγά που παραδίδουν ανταλλακτικά. γουόκ σε κινέζικα εστιατόρια. γράσο
στου τεχνίτη τον γρασαδόρο το σχολικό λεωφορείο και το γκαράζ με
    τα κλεμμένα όλα
τραγουδούν σαν ερυθρά αιμοσφαίρια τρεχάτα μέσα σε σώμα ανθρώπου.

ο γουίτμαν είχε δίκιο, το εργοστάσιο παραγωγής ηλεκτρικού και το
    καλώδιο υψηλής τάσης
είναι ίσα με τα άστρα! ο γκίνσμπεργκ είχε δίκιο! ο σταθμός καθαρισμού
    του νερού
ο μύλος του χαρτιού η ποντικοπαγίδα το γαριδάδικο ο υδροτροχός
είναι ιερά! ο τζακ ριντ είχε δίκιο, έχει μουσική η κάθε κάνουλα νερού που
μου τραγουδά. το στιλό που βουτάνε τα πρόβατα αφού τα κουρέψουν
ο κόπανος και η ξύστρα του μολυβιού.
τι είναι ακόμα πιο λαμπερό κι απ' τα φώτα του δρόμου στο ντέιτον του
    οχάιο; γύρισα έθνη
απλώς για να δω πόσο όμορφα αντανακλά μια γέφυρα το πλάτος των
    ποταμών. ταξίδεψα
με φέριμποτ και τροχήλατα πλοία καροτσάκια και τελεφερίκ. κάθισα
μια ώρα κρεμασμένος στο αγιάζι σε μια γόνδολα πάνω από κάποιο
    τυρολέζικο
λιβάδι και καθόλου δεν παραπονέθηκα. σ' όλους αρέσουν οι ανεμόμυλοι
κι όλοι θα σου πουν για έναν φάρο που έχουν σκαρφαλώσει τα σκαλιά
    του (η λαίδυ
ελευθερία είναι ένας από αυτούς). ο ρόκυ μπαλμπόα ανέβηκε τρέχοντας
    τα σκαλιά του μουσείου
στη φιλαδέλφια, τότε γιατί όχι εσύ κι εγώ τα σκαλιά κάποιου δικαστηρίου
της αλαμπάμα ή μέσα απ το πλήθος στο μοναστηράκι; γιατί όχι τα
    σκαλιά του
χημείου στο mit;

WE SHOULD ENTER A BAKERY
LIKE IT IS A TEMPLE OF GODS

an appliance store is home to secrets more precious than
a kung-fu monastery. butcher shops know the meaning of
sacrifice. garbage trucks do the holy work of civilizations.

vans delivering auto parts. woks in chinese restaurants. grease
in a pipefitters greasegun the schoolbus and the chop shop all
sing like red blood cells racing through the body of a man.

whitman was right, the power plant and the high tension wire are
equal to the stars! ginsberg, right! the water purification station
the paper mill the mousetrap the shrimp boat the water wheel
holy! jack reed right, there is music in each faucet of water that
sings to me. the pen where sheep are dipped after they're shorn
the flyswatter and the pencil sharpener.
what outshines the streetlights of dayton ohio? i have visited nations
just to see how beautifully a bridge reflects the span of rivers. i've
ridden ferryboats and paddlewheels trolleys and cable cars. i have
sat an hour suspended in the breeze in a gondola over a tyrolean
meadow and never once complained. everyone loves a windmill
and can name a lighthouse whose steps they have climbed (lady
liberty is one of these). rocky balboa ran up the museum steps in
philadelphia, why not you and me up the steps of an alabama
courthouse or through the crowds of monastiraki? why not the
steps of a chemistry building at mit?

η όπερα του σίδνευ το καζίνο του τζόγου στην κακιά νεβάδα
είναι ιερά! η ντουλάπα είναι ιερή σαν σπήλαιο κι ακόμα κι ένα
    μπουντρούμι
στις όχθες του τάμεση ή σε ένα γυάλινο παλάτι του ροκ & ρολ στις
όχθες της λίμνης έρι στο κλίβελαντ μπορούν να μας κάνουν
    ευτυχισμένους. μια μέρα
θα πλέξω εγκώμια για πυροσβεστικούς σταθμούς και καταστήματα
    σιδηρικών γάστρες
και αποφλοιωτές για καρότα ορεινές κατασκηνώσεις και βενζινάδικα.
θα φτιάξω ωδή για τα σήματα του στοπ που τρεμουλιάζουν στην
    εκτυφλωτική βροχή.
ένα ποτιστικό μηχάνημα κείτεται παρατημένο σαν τα φτερά
αγγέλων σ' ένα χωράφι με ραπανάκια.

θα ξαπλώσω κάτω πλάι σε ανοξείδωτα ατσάλινα βαρέλια όπου
ελπίδες ζυμώνονται και θα με πω τυχερό.

ό,τι κάνουμε μαγειρεύει ό,τι ξέρουμε και φτιάχνει ιερό
βραστό! με τα δυο μου πόδια να φορούν αθλητικά των είκοσι δολαρίων, ω
θα βγω έξω στην ιερά λεωφόρο!

the opera house in sydney the gambling casino in nasty nevada
are holy! a closet is holy as a grotto of saints and even a dungeon
on the banks of the thames or a glass palace of rock & roll on
the banks of lake erie in cleveland can make us happy. one day
i will sing praises to firehouses and hardware stores crockpots
and carrot peelers mountain camps and filling stations.
i will make an ode to stop signs shivering in a blinding rain.
a water irrigation apparatus lying untended like the wings
of angels in a turnip field.

i will bed myself down beside stainless steel barrels where
hops ferment and call myself lucky.

everything we make cooks everything we know into a holy
stew! with my two feet clad in twenty dollar sneakers, o i
will step out onto the holy avenue!

ΧΟΡΕΥΟΥΜΕ ΠΑΝΩ ΣΕ ΧΑΡΤΟΝΟΜΙΣΜΑΤΑ

*Αν [η Ελλάς] μιμηθή το σκληρόν, την οργήν παμμίαρον των εχθρών της, ας γένη
μίσημα παντός του κόσμου.*

—Αντρέας Κάλβος

χορεύουμε πάνω σε χαρτονομίσματα αυτού εδώ τα χέρια
σαν μύδια στο χέρι μου, αυτού εδώ τα χέρια
σαν πηλός στο χέρι μου. χορεύουμε σε κύκλο
μ' έναν τρελό κλαριντζή και την αλλήθωρη
μελωδία του να μας οδηγεί — ένα τρελό κλαρίνο πλανιέται
ανάμεσά μας — κι οι άντρες χορεύουν με άντρες
αλλά κι οι γυναίκες κι αυτές,
χορεύουν!
και το δωμάτιο μυρίζει κίτρα τριαντάφυλλα και τα
παιδιά χοροπηδούν σαν κατσίκια ψηλώνουν σαν ελιό-
δεντρα σε άγριο χορτάρι —
η ζωή είναι ωραία, επιτέλους! η ζωή είναι ολότελα ωραία, φαντάσου!
πίνουμε τρώμε χορεύουμε και γελάμε σαν
πουλιά με τους ανθρώπους που δεν ξέρουν
τι θα πει
χορεύω

WE DANCE ON PAPER MONEY

*If Greece mimics the cruelty of its enemies, let it be detested
by all the world*

—Andreas Kalvos

we dance on paper money this one's hands
like clamshells in my hand, this one's hands
like clay in my hand. we dance in a circle
with a crazy clarinet player and his cross-eyed
melody to lead us — a crazy clarinet wandering
among us — and the men dance with the men
and the women too,
they dance!
and the room smells of citrus roses and the
children skip like goats they grow tall as olive
trees in wild grass —
life is good, finally! life is fully good, imagine!
we drink we eat we dance and we laugh like
birds at people who do not know
what it means
to dance

ΕΝΑ ΔΕΝΤΡΟ ΠΟΥ ΔΕΝ ΤΟ ΕΧΕΙΣ ΞΑΝΑΔΕΙ

ένα πρωινό θα κοιτάξεις απ' το παράθυρό σου
και θα δεις ένα δέντρο που δεν το 'χεις ξαναδεί,
ένα δέντρο που δεν υπήρχε παλιά, ένα δέντρο με
λαμπερά πουπουλένια φύλλα μπορεί ή ίσως
χωρίς φύλλα καθόλου, με χέρια όμως μαλλιά ή μάτια
σαν τον καρπό πολλών ανθών ή σαν φωνή
κάποιου θεού, δεν μπορώ να το πω ακριβώς, γιατί
όπως κι εσύ δεν έχω ξαναδεί το δέντρο σου, μόνο
ξέρω ότι μια μέρα θα 'χει ένα τέτοιο δέντρο
έξω από το παράθυρό σου, ένα αλλιώτικο δέντρο που
δεν θα το περίμενες ποτέ, όχι απαραίτητα
καλό ή κακό δέντρο, απλώς ασύλληπτο — ένα δέντρο,
ύστερα δύο, ύστερα δέκα χιλιάδες δέντρα — δέντρα που
δεν έχεις δει ποτέ με πουλιά σε κάθε τους κλαδί,
να λένε τραγούδι για εκείνα, όχι για σένα, όχι
όχι για σένα, πουλιά να λένε τραγούδι
που δεν ήξερες καν ότι λέγεται.

A TREE YOU HAVE NEVER SEEN

one morning you will look out your window
and you will see a tree you have never seen,
a tree that never existed before, a tree with
bright feathery leaves perhaps, or maybe
no leaves at all, but hands or hair or eyes,
like the fruit of many flowers, or like the voice
of a god, i can't say exactly what, because
like you i haven't seen your tree before, i only
know that one day there will be a tree like that
outside your window, a different tree, one you
could never have expected, not necessarily a
good or bad tree, just unimaginable — one tree,
then two, then ten thousand trees — trees you
have never seen with birds in every branch,
singing a song to themselves, not to you, no
not to you, birds singing a song you didn't even
know could be sung

ΤΟ ΤΡΙΑΝΤΑΦΥΛΛΟ ΙΣΩΣ ΤΣΙΜΠΗΣΕΙ ΜΙΑ ΜΕΛΙΣΣΑ

ξέρω έναν άνθρωπο που έχτισε φράχτη στον κήπο και κράτησε απ' έξω
    την αγάπη.
ξέρω έναν άνθρωπο που έβαψε ένα σπίτι κι έγινε έτσι μαύρη
η καρδιά του. ξέρω έναν άνθρωπο που έχωσε ένα σφυρί μες
τη γη μ' ένα μόνο καρφί
κι έναν άλλον άνθρωπο που φόρεσε καπέλο κι αυτό τού πήρε το κεφάλι.
κι έναν άλλον άνθρωπο που είπε την αλήθεια τόσο σθεναρά που δεν
ξεχώρισε και πολύ απ' το ψέμα.
άνθρωπος που σε κοιτάζει κατάματα όταν σου λέει ψέματα είναι
άνθρωπος που δεν φοβάται το ίδιο του το κράτος.
το τριαντάφυλλο ίσως τσιμπήσει μια μέλισσα όχι όμως όπως
    τσιμπά εσένα και μένα

A ROSE MAY STING A BEE

i know a man who built a garden gate that kept love out.
i know a man who painted a house and it made his heart
turn black. i know a man who drove a hammer into the
ground with just one nail
and another man who put on a hat that took his head off.
and another man who told the truth so hard it was not
much different from a lie.
a man looks into your eyes when he tells you a lie is a man
who does not fear his own government.
a rose may sting a bee but not the way it does you or me.

Ο ΔΥΣΚΟΛΟΣ ΣΤΡΑΤΙΩΤΗΣ

χαιρετά τα περαστικά σύννεφα. παίρνει διαταγές
από τον άνεμο. φορά κράνος φτιαγμένο από λευκές
μαργαρίτες και ταΐζει το άλογο του στρατηγού φασόλια.
τρώει λασπόπιτες και ξεφουσκώνει τα λάστιχα των
τζιπ. διασχίζει το πεδίο της μάχης με ποδήλατο.
μάλιστα φίλησε και τον λοχία στο στόμα και
μια φορά έριξε και γέμισε τρύπες μια κουκέτα.
λατρεύει ένα πήλινο αγαλματάκι που το φυλά στην
ιματιοθήκη μ' έναν τεράστιο φαλλό και λέει
όταν έρχονται καινούριες πουτάνες στην πόλη είναι θρησκευτική
η εορτή, δεν επιτρέπονται εχθροπραξίες. περπατά ανάποδα
προς το μέτωπο μαζεύει λουλούδια σε οπισθοχώρηση και
χειροκροτεί σαν τρελό σχολιαρόπαιδο στο τσίρκο
όταν ακούει τον ήχο εισερχόμενου πυροβολικού.
όποτε τον διατάσσουν να σκοτώσει ρίχνει σφαίρες
μέσα στον ήλιο.

THE DIFFICULT SOLDIER

he salutes the passing clouds. he takes orders
from the wind. he wears a helmet made from white
daisies and he feeds the general's horse beans.
he eats mud pies and lets the air out of tires of
jeeps. he rides across the battlefield on a bicycle.
he even kissed the sergeant on the mouth and
one time he shot a bunkbed full of holes. he
worships a clay figurine which he keeps in his
foot locker with an enormous penis and says
when new hookers come to town it is a religious
holiday, no fighting allowed. he walks backwards
to the front he picks flowers on retreat and he
applauds like a crazy schoolboy at the circus
when he hears the sound of incoming artillery.
whenever he is ordered to kill he fires bullets
into the sun.

ΣΑΝ ΖΩΟ ΑΓΕΛΗΣ ΠΟΥ ΚΑΤΕΒΗΚΕ ΑΠ' ΤΑ ΣΥΝΝΕΦΑ

κατέβηκα απ' τα βουνά, με τη ράχη
γυμνωμένη και τα ρουθούνια μου ορθάνοιχτα και αναρωτιόμουν τι
στο καλό έκανα σ' αυτή τη γη ανάμεσα σ' ανθρώπους, σαν ζώο
αγέλης απ' τα σύννεφα, κουβαλώντας σακιά από λινάτσα με κόπρα
ρύζι και κόκκους καφέ βγήκα από τα βουνά, με τις
οπλές μου σαν στουρνάρι και τα μάτια μου σκεπασμένα μ' ένα κουρέλι, με
την λικνιζόμενη πλάτη μου κι ένα μαλακό κομμάτι ασήμι στο στόμα,
με την αγάπη μου για την υπακοή και την υπομονή μου με τις μύγες —
σαν ζώο αγέλης κατέβηκα απ' τα βουνά με
εμπιστοσύνη σε σένα, στο χέρι, στη φτέρνα, στη λαβή των γοφών σου,
στο θάρρος και στο ήρεμο σφύριγμά σου, σε σένα στηρίζομαι να με οδηγήσεις
να βγω απ' τα σύννεφα και να μπω στην πλατεία του χωριού, με
τα σιντριβάνια και τις γυναίκες και τους πύρινους χάρτινους μύλους του

LIKE A PACK ANIMAL OUT OF THE CLOUDS

i came down out of the mountains, with my spine laid
bare and my nostrils wide open and wondering what
on earth i was doing here among men, like a pack
animal out of the clouds, bearing burlap sacks of copra
rice and coffee beans i came out of the mountains, with
my hooves like flint and my eyes covered by a rag, with
my swaying back and a soft bit of silver in my mouth,
with my love of obedience and my patience for flies —
like a pack animal i came out of the mountains with
trust in you, your hand your heel the grip of your thighs
your boldness and calm whistling, trusting you to lead
me out of the clouds and into the village square, with
its fountains and women and its pinwheels of fire

ΟΝΕΙΡΟΠΟΛΟΣ ΜΑΓΓΕΛΑΝΟΣ

Ποτέ δεν μπορείς να 'σαι απόλυτα βέβαιος μ' αυτά τα
πράγματα. Στη γη των μετενσαρκωμένων αυτό το παιδί
που περπατά στους διαδρόμους του παντοπωλείου τακτοποιώντας τα
κουτιά με τα δημητριακά μπορεί να είναι ονειροπόλος Μαγγελάνος.
στη χώρα των μετενσαρκωμένων, αυτός που γεμίζει τα ράφια
μπορεί να έμαθε στον Τσέχωφ γραμματική. βλέπεις
εκείνη την ταμία με το κενό βλέμμα; μπορεί να ήταν
η Ωραία Ελένη. Δεν μπορείς να 'σαι σίγουρος δεν μπορείς
να 'σαι σίγουρος. ποτέ δεν ξέρεις ποιος κουμαντάρει τις
μελιτζάνες σου. Για να΄σαι ήσυχος όμως, όταν τα
παιδιά στον διάδρομο με τα τουρσιά πιάνουν κουβέντα μεταξύ
τους, δεν θα ήταν καθόλου κακό να σταματήσεις να δεις να ακούσεις.
εκείνο το παιδί με τη σφουγγαρίστρα στο χέρι μπορεί να 'φτιαχνε
βιολιά στην Κρεμόνα.

DAYDREAMING MAGELLAN

You can't ever be totally positive about such
things. In the land of the reincarnated that boy
walking down grocery store aisles rearranging
cereal boxes might be a daydreaming Magellan.
In the land of the reincarnated, the shelf stocker
may have taught Chekhov his grammar. You see
that checkout girl with the blank stare? She could
be Helen of Troy. You can't be too sure you can't
be too sure. You never know who's handling your
aubergines. Just to be on the safe side, when the
boys in the pickle aisle get to talking amongst them
selves, it would not be unwise to stop look and listen.
That kid with the mop in his hand may have built
violins in Cremona.

Η ΡΟΖΕΤΑ ΚΑΙ ΤΑ ΙΕΡΟΓΛΥΦΙΚΑ ΤΟΥ

το σάββατο είναι βάρκα για το πουθενά
οι μέρες περνούν κολυμπώντας.
μια κοπέλα στολισμένη πάνω στο
κατάστρωμα του πλοίου σαν λιοντάρι
που λαγοκοιμάται στη βαθιά βλάστηση
— σαν κλεοπάτρα στη μπανιέρα.
σαν τρελός ρωμαίος ω τι
κορίτσι! δεν έχει πού να πάει! μοιάζει
με σχεδιάγραμμα του ήλιου μοιάζει με
φουστάνι καλοκαιρινό που
άπλωσαν σε ροζ πολυθρόνα για να φορεθεί
μελλοντικά. κάθε λίγο και λιγάκι
η κοπέλα βουτά το χέρι της στο
νερό και ψαρεύει μερικά δευτερόλεπτα
ή λεπτά. τόσο πολλές ώρες! Ω
πόσα λεπτά! τι να τα κάνει μια κοπέλα
τόσα πολλά; οι μέρες
περνούν με κτύπο, περνούν κολυμπώντας σαν
διαμαντένιο βραχιόλι σαν να περνούν
ψαράκια μικρά. Ψαράκια που φορούν
λαμπερά καπέλα μπόουλερ στο πάρτι
γενεθλίων του χταποδιού. φουσκάλες
σαμπάνιας σε κρυστάλλινο ποτήρι. σαν
τη ροζέτα και τα ιερογλυφικά του.

ROSETTA AND HIS HIEROGLYPHICS

saturday is a boat to nowhere
the days go swimming past.
a young girl is draped across
the deck of the ship like a lion
slumbering in deep bushgrass
— like cleopatra in a bathtub.
like a crazy roman o what a
gal! nowhere to go! looks like
a blueprint of the sun looks like
a summer dress that has been
laid out on a pink settee for future
wearing. every now and again
the young girl dips her hand into
the water and fishes a few seconds
or minutes out. so many hours! o
what minutes! what is a young girl
to do with them all? the days go
ticking past, swimming past like
a diamond bracelet like little fishes
swim through. little fishes wearing
sparkling bowler hats at a birthday
party for the octopus. champagne
bubbles in a crystal glass. like
rosetta and his hieroglyphics.

ΟΛΑ ΘΑ ΠΑΝΕ ΚΑΛΑ

όλα θα πάνε
καλά. γρύλοι θα τραγουδούν
για σένα. φύλλα σφένδαμου
θα αλλάξουν τα χρώματα που έχουν τα
φύλλα σφένδαμου. βορινές καταχνιές
θα κατέβουν απ' τον καναδά
να δροσίσει το πράγμα. οι
φρικτοί άνεμοι θα υποχωρήσουν.
θα είναι οκτώβρης και οι
τυφώνες θα έχουν περάσει.
εντάξει, εγώ δεν θα 'μαι εδώ
όμως όλα θα πάνε
καλά. ο ουρανός
θ' ανοίξει τα χέρια του
πάλι και θα σ' αγκαλιάσει,
όπως το καλοκαίρι σε κράτησε
στα δυνατά του χέρια. όπως
ο χειμώνας συνήθως γραπώνει τον κόσμο
στο χιόνι κι ύστερα όμως αφήνει τον κόσμο να φύγει.
όπως η λιακάδα σε κράτησε σαν κίτρινο
ασφόδελο σε πράσινο χορτάρι την άνοιξη. πριν με
γνωρίσεις, εννοώ, πριν κρατήσω το χέρι σου
στο χέρι μου. όπως η ανάμνηση του
χεριού μου στο δικό σου θα σε κρατήσει,
όταν πια θα έχω φύγει. όλα αυτά, τα πολλά
χρόνια που θα εξακολουθείς να ζεις
σ' αυτόν τον κόσμο, χωρίς εμένα.

EVERYTHING IS GOING TO BE OKAY

everything is going to be
okay. crickets will sing
for you. maple leaves
will turn their maple leaf
colors. northern mists
will descend from canada
to cool things down. the
terrible winds will subside.
it'll be october and the
hurricanes will be over.
okay i will not be here
but everything is going
to be all right. the sky
will open up its arms
again and embrace you,
the way summer held you
in its strong arms. the way
winter tends to   grip   the world
in snow but then it lets the world go.
the way   sunlight held you like a yellow
daffodil in green grass   in spring. before you
met me, i mean, before i held your hand
in my hand. the way the memory of
my hand in yours will hold you,
after i am gone. all the long
years you will go on living
in this world, without me.

ΜΙΛΟΥΣΑΝ ΠΟΛΛΗ ΩΡΑ

Ήταν οι γονείς μου μιλούσαν
πολλή ώρα ποτέ όμως δεν
έφτανε να ησυχάσει τον θυμό του που μούγκριζε
σαν μικρό ηφαίστειο στο γαλάζιο
Αιγαίο. Ποτέ δεν έφτανε να καλμάρει
τα νεύρα της, έτρεμε σαν το τελευταίο
φύλλο θλιβερού προαστιακού δέντρου
τέλη Δεκέμβρη. Αρκτικός άνεμος
φύσηξε και μπήκε μέσα. Το μέτωπό της αυλάκωσε
σαν μεγάλη πομπή από καναδέζικες χήνες.
Και τα χείλη της, σαν λιμνούλα στο
δάσος, παγωμένη από πάνω.

THEY TALKED A LONG TIME

They were my parents they talked
a long time but it was never long
enough to still his anger, rumbling
like a small volcano in the blue
Aegean. Never enough to calm
her nerves, shook like the last
leaf on a sad suburban tree in
late December. The arctic wind
just blown in. Her brow furrowed
like a long line of canada geese.
And her lips, like a pond in the
woods, frozen over.

Η ΑΛΗΘΕΙΑ ΣΧΕΤΙΚΑ ΜΕ ΤΟΝ ΕΡΩΤΑ

όπως θα έλεγαν και οι γάλλοι, ο έρωτας μπορεί να αποβεί επικίνδυνος.
αν τον λάβεις με το σταγονόμετρο, θα δεις οράματα.
ολόκληρο λίτρο, ωστόσο, μπορεί να σε τυφλώσει.

εγώ ο γιάννος μανώλης δεν είμαι γάλλος. αλλά έχω δει τα
αποτελέσματα του έρωτα και δηλώνω ικανοποιημένος.

αγάπησα κάποτε μια γυναίκα που ζούσε κοντά στη θάλασσα. ήταν
    μωσαϊκό για μένα και μπλε δελφίνια ιπτάμενα.
όταν μου τη σύστησαν, καθόταν στο δωμάτιό της όλη μέρα,
κλαίγοντας. ήταν και ζωγράφος ιταλικών ζωγραφιών και προτιμούσε
    τα γαλλικά
αρώματα. όταν είχε ναύτες στην πόλη, αυτή ήταν σκεπασμένη νομίσματα
και εξαίσια τριαντάφυλλα. όταν ερχόταν η άμπωτη έφευγαν κι οι ναύτες.
σήκωναν πανιά σε ψαρόβαρκες, τα μεγάλα χέρια τους να
τραβάν μες τα σκοινιά. εγώ, ο γιάννος μανώλης δεν έχω μεγάλα χέρια.
    έχω όμως μεγάλη
καρδιά, μπορώ να σου πω ποια είναι η αλήθεια για τον έρωτα.

έρωτας είναι πλακόστρωτο δρομάκι για δυο γαϊδάρους μ' έναν γάιδαρο
να το περπατά. έρωτας είναι περιβόλι με πολλές ελιές άψογα ανθισμένες.

έρωτας είναι κοριτσάκι που χορεύει στο αρκαδικό φεγγαρόφωτο. γυρνά
έξω όλη νύχτα ενάντια στην επιθυμία του πατέρα της.
είναι το αλέτρι που δεν οργώνει ευθεία, και τι πειράζει; μήπως είναι το
πουλί που δεν μπορεί να πετάξει το σιντριβάνι στο προαύλιο που δεν τρέχει
είναι φίδι που αναδύεται απ' τη μεσόγειο την αυγή. δεν με πειράζει
εμένα. ο έρωτας είναι τρεις αδελφές, γυναίκα που σηκώνεται πριν την
    αυγή, αρχαία γυναίκα.
εάν δεν αποστρέψεις το βλέμμα θα δεις το μέλλον στα μάτια της.
κάποιοι άνθρωποι είναι τυφλοί, διαρκώς αποστρέφουν το βλέμμα. εγώ,
ο γιάννος μανώλης, δεν αποστρέφω το βλέμμα μου.
έχω δει τα αποτελέσματα του έρωτα. δηλώνω ικανοποιημένος.

THE TRUTH ABOUT LOVE

as the french will tell you, love can be dangerous. taken by the
thimbleful it will give a man visions.
however a litre of it can make you blind.

i, iannos manolis, am not french. but i have seen the consequences of
love and i pronounce myself satisfied.

i loved a woman once who lived by the sea. she was a mosaic to me and
blue dolphins flying.
when i was introduced to her she sat in her room all day,
crying. she was also a painter of italian paintings, and favored french
perfume. when sailors were in town she was covered with coins
and magnificent roses. when the tide went out the sailors would go
away too. they sailed away in fishing boats, their big hands
hauling in rope. i iannos manolis do not have big hands. but i have a big
heart, i can tell you the truth about love.

love is a cobblestone path for two donkeys with one donkey on it. love is
a grove of many olive trees with implacable blossoms.

love is a small girl dancing in the arcadian moonlight. she is out all
night against her father's wishes.
is it the plow that will not plow straight, what does that matter? is it the
bird that cannot fly is it the fountain in a courtyard that will not flow
is it a serpent which rises out of the mediterranean at dawn. no matter
to me. love is three sisters,
a woman who rises before dawn, an ancient woman.
if you are not looking the other way you can see the future in her eyes.
some people are blind, they are always looking the other way. i, iannos
manolis, do not look the other way.
i have seen the consequences of love. i pronounce myself satisfied.

ΗΣΟΥΝ ΠΟΤΑΜΙ ΓΙΑ ΜΕΝΑ ΚΑΠΟΤΕ
ΓΙΑΤΙ ΕΙΣΑΙ ΟΝΤΩΣ ΠΟΤΑΜΙ

κάποτε σ' αγάπησα σαν ψαράς στην
άκρη ποταμού, με τα δάκτυλα στα χείλη,
να δοκιμάζει τον πρωινό αέρα αν έχει σολομό.
σ' αγάπησα σαν άντρας μ' άλογο που μπαίνει
σε όρμο ατάραχο. σαν φαλαινοθήρας στο
λαξεμένο του όνειρο για καρδιές και λουλούδια.
σαν δεύτερος στο πλοίο που πρώτος βλέπει στεριά.
σ' αγάπησα σαν βουτηχτής μαργαριταριών κάτω από κύματα που σπάνε
σε βραχώδεις ξέρες. σαν αρκουδάκι στο στόμα της
σπηλιάς της μάνας του με μια φρέσκια πέστροφα στο ανοιχτό του στόμα.
σ' αγάπησα σαν χρυσοθήρας που χορεύει στον ήχο
που κάνουν τα ραδιοϊσότοπα στ' αυτιά του. σ' αγάπησα σαν άντρας
με μαντικό ραβδί πιασμένο σφικτά στις δυο του γροθιές.
σαν κλαδί ιτιάς που πάλλεται στον ήχο καθαρού
ατάραχου υπόγειου νερού.
κάποτε σ' αγάπησα σαν κυνηγός που κοιτάζει αν το καρό του πουκάμισο
έχει τρυπήσει. σ' αγάπησα σαν τυφλοπόντικας που κοιμάται κάτω
απ' το φρεσκοκομμένο χόρτο. σ' αγάπησα σαν τον πυροσβέστη που μπαίνει σε
δωμάτιο γεμάτο καπνό κι αγαπά τα παγιδευμένα παιδιά μέσα
σ' εκείνο το δωμάτιο. σαν γέρος μπροστά στο πιατάκι με τα
βραστά του δαμάσκηνα, τα μάτια ακόμα πλατιά ανοιχτά σαν τη θάλασσα.
δεν ήξερα τι μπορούσε να κάνει ένα ποτάμι, ύστερα όμως το έμαθα.

YOU WERE A RIVER TO ME ONCE
BECAUSE YOU REALLY ARE A RIVER

once i loved you like a fisherman on the
edge of a river, with his fingers to his lips,
tasting the morning air for salmon.
i loved you like a man with a horse entering
an undisturbed cove. like a whaler in his
scrimshaw dream of hearts and flowers.
like a ship's mate who catches first sight of land.
i loved you like a pearl diver below waves breaking
on rocky shoals. like a bear cub at the mouth of his
mama's cave with a fresh caught trout in his mouth.
i loved you like a prospector, dancing to the sound of
radioisotopes in his ears. i loved you like a man with
a divining rod in his two fists gripped tight.
like a willow branch thrumming to the sound of pure
undisturbed underground water.
once i loved you like a hunter examining his plaid shirt
for holes. i loved you like a mole sleeping under new
mown grass. i loved you like a firefighter entering a
room full of smoke loves the children trapped inside
that room. like an old man in front of his little plate of
stewed prunes, eyes still open wide as the sea.
i did not know what a river could do but then i found
out.

ΕΙΝΑΙ ΑΝΟΙΞΗ ΣΤΗΝ ΠΟΛΗ

είναι άνοιξη στην πόλη, περιστέρια φορούν τα τζαζ
καπέλα τους. κορίτσια απ' το γραφείο φορούν φίλησέ με κοστούμια
φλερτάρουν με φανάρια, τα φανάρια απαντούν κλείνοντάς τους
το μάτι. άνοιξη στην πόλη, λουλούδια ξεπροβάλλουν από
το πουθενά. ο μεταφορέας του πιάνου δίνει τα χέρια με αυτόν
που πουλάει χοτντόγκ. μανάδες γελούν μαζί στο πάρκο,
αγοράκια γελούν ξέσπασμα γέλιου κι ένας έφιππος
αστυνόμος περνά πάνω στο εκπληκτικό του άλογο! τον ακολουθεί
μια άμαξα. ένα αμάξι — ταξί τσουλάει πάνω στην επιφάνεια
του κτιρίου φλατάιρον και χαιρετά κορνάροντας τον μεγάλο
κακό ήλιο — ρε, ηλίθιε! γέροι καμπουριάζουν πάνω απ'
τις σκακιέρες τους και κοιτάζουν ψηλά τους εργάτες
της οικοδομής που τους κοιτάζουν από ψηλά απ' τα δοκάρια τους
τα σκληρά σκληρά καπέλα τους γυαλίζουν — ακόμα κι ο κόσμος
που κατάφερε να μείνει πλούσιος παρόλα αυτά
περπατά σήμερα στον δρόμο και χαμογελά.
όλοι διψούν για τον χυμό που ζει μόνο
στη γλυκιά απροσπέλαστη κοιλιά του ελεύθερου κόσμου.

IT IS SPRINGTIME IN THE CITY

it is springtime in the city, pigeons put their jazz
hats on. office girls dressed in kiss-me pant suits
flirt with traffic lights, the traffic lights wink back at
them. springtime in the city, flowers appear out of
nowhere. the piano mover shakes hands with the
hot dog vendor. mothers laugh together in the park,
little boys laugh a burst of laughter and a mounted
policeman rides by on his amazing horse! followed
by a hansom cab. a taxicab drives up the surface
of the flatiron building and honks hello at the big
bad sun — hey there, stupid! old men hunch over
their checkerboards and look up at construction
workers who look down from girders at them and
their hard hard hats shine — even people who've
managed to stay rich in spite of everything are
walking in the street today and they are smiling.
everybody is hungry for the sap that only lives
in the sweet unreachable belly of the free world.

ΟΜΟΡΦΗ ΣΑΝ ΤΟΝ ΗΛΙΟ ΤΗ ΝΥΧΤΑ

Πες με ανόητο ή τρελό αλλά
κάπου μέσα στο κεφάλι μου
είμαι δεκαπέντε & είμαι μ' αυτό το
κορίτσι & πίνει κρασί
στο φως υπαίθριας φωτιάς —
μια φωτιά ανοίγει δρόμο
μέσα απ' τα κομμένα ξύλα —
& φιλά σαν φωτιά
οι ώμοι της & οι πλάτες
είναι δυνατές & μαύρες σαν νύχτα —
ο αέρας γύρω μας ψυχρός
σαν το θαλασσινό νερό που
τα κυκλώνει όλα
όσα γνώρισα ποτέ —
& είμαστε μια ακτή
κοτρώνες εκείνη & γω —
τσουνάμι — & ποτέ
δεν έχω ζήσει στιγμή
σαν αυτή ξανά —
έρωτας πέφτει γύρω μας
σαν σάρπα πάνω
στην πλάτη καρέκλας & το
γέλιο της στ' αυτιά μου —
λευκό λευκό & τέλεια
στρογγυλό — στο σκοτάδι
μια φωτιά εξαπλώνεται —
ναι, αγάπη μου, φωτιά —
είμαστε εμείς — μια σπίθα
αστερόφως διαπερνά
τον ωκεάνιο ουρανό &
ανέκαθεν ήμουν εδώ
για πάντα & σκόρπισα
πολλές ζωές πριν
απ' αυτό — κύματα
τσάκισαν εραστές
φιλήθηκαν, όμως όχι έτσι
όχι έτσι —
σαν εσένα & μένα —

PRETTY AS THE SUN AT NIGHT

Call me stupid or crazy but
somewhere inside my head
i'm fifteen & i am with this
girl & she is drinking wine
by the light of a bonfire —
a fire is working its way
through driftwood —
& she kisses like a fire
her shoulders & her back
are strong & black as night —
the air around us is cold
as the seawater that
surrounds everything
i have ever known —
& we are a coast of
boulders she & i —
a tsunami — & i have
never known a moment
like this before —
love falls around us
like a shawl across the
back of a chair & her
laughter in my ear —
white white & perfectly
round — in the darkness
a fire is spreading —
yes my love a fire —
that's us — a spark
of starlight across
the oceanic sky &
i have been here
forever & i have
wasted many lives
before this — waves
have crashed lovers
kissed but not like
this not like this —
like you & me —

οι παλάμες των
χεριών σου η θαλασσινή
ομίχλη ξεπλένει τα πρόσωπά μας
τα αστέρια σκοντάφτουν
εδώ & κει — βότσαλα
στον αφρό & η θάλασσα
φλυαρεί — κοψιάς
στροβιλίζεται — & δυο ψαράδες
με πορτογαλέζικα καπέλα γυρίζουν
αφού μια νύχτα ολόκληρη ψαρεύοντας
διέσχιζαν το σύμπαν — μάτια
πλατιά ανοιχτά — πλατιά πλατιά πλατιά —
πλατιά σαν ακροδάχτυλα, πλατιά
σαν φτερά από πεταλούδες —
εγώ & συ, όμορφη σαν
τον ήλιο τη νύχτα

the palms of your
hands the sea mist
washing our faces
the stars stumbling
here & there — pebbles
in the surf & the sea
chattering — sawgrass
churning — & two fishermen
in portuguese hats returning
from a long night fishing their
way through the universe — eyes
wide open — wide wide wide —
wide as fingertips, wide
as wings of butterflies —
me & you, pretty as
the sun at night

George Wallace (AB, MPH, MFA) is an award winning poet and journalist from New York who has performed his work across America and in Europe. Author of *Poppin' Johnny* (Three Rooms Press, 2009) and twenty-five chapbooks of poetry, he has served as editor of *Poetrybay* (www.poetrybay.com), *Long Island Quarterly, Walt's Corner, Great Weather for Media*, and other electronic and hard copy literary publications.

A former Peace Corps Volunteer, USAF Medical Officer and Community Health Organizer, he is winner of the CW Post Poetry Prize and the Poetry Kit Best Book award. With Oklahoma poet laureate Carol Hamilton he co-founded the Woody Guthrie Poetss, and was named a "Next Generation Beat" by the Lowell Celebrates Kerouac festival committee.

In 2003, George Wallace was named first Poet Laureate for Suffolk County, NY. In 2011 he was named Writer in Residence at the Walt Whitman Birthplace.

～

Ο George Wallace (AB, MP H, MFA) είναι βραβευμένος ποιητής και δημοσιογράφος από την Νέα Υόρκη και έχει παρουσιάσει τα έργα του σε Ευρώπη και Αμερική. Είναι ο συγγραφέας του Poppin' Johnny (Three Rooms Press, 2009) και είκοσι πέντε βιβλίων ποίησης και έχει υπάρξει επιμελητής διάφορων ηλεκτρονικών και έντυπων λογοτεχνικών εκδόσεων, μεταξύ άλλων των Poetrybay (www. poetrybay.com), Long Island Quarterly, Walt's Corner και Great Weather for Media.

Πρώην Εθελοντής με το Peace Corps, υγειονομικό στέλεχος στην USAF και Συντονιστής Υγειονομικής Οργάνωσης σε επίπεδο τοπικών κοινωνιών, βραβεύτηκε με το CW Post Poetry Prize και με το βραβείο Καλύτερου Βιβλίου του Poetry Kit. Μαζί με την βραβευμένη ποιήτρια από την Οκλαχόμα Carol Hamilton ίδρυσαν το φεστιβάλ Woody Guthrie Poets, το οποίο ανακηρύχθηκε ως "Next Generation Beat" από την επιτροπή του φεστιβάλ Lowell Celebrates Kerouac.

Το 2003, ο George Wallace ανακηρύχθηκε πρώτος βραβευμένος ποιητής της Suffolk County, NY. Το 2011 ανακηρύχτηκε «Writer in Residence» στην γενέτειρα του Walt Whitman.

～

Special thanks to Lina Sipitanou, Peter Carlaftes and Kat Georges, Dimitris Lyacos, Maria Loupi and Andreas Diktyipoulos (of About.com).

books on three rooms press

POETRY

by Hala Alyan
Atrium

by Peter Carlaftes
DrunkYard Dog
I Fold with the Hand I Was Dealt

by Joie Cook
When Night Salutes the Dawn

by Thomas Fucaloro
*Inheriting Craziness is Like
  a Soft Halo of Light*

Patrizia Gattaceca
Soul Island

by Kat Georges
*Our Lady of the Hunger
Punk Rock Journal*

*by Robert Gibbons
Close to the Tree*

by Karen Hildebrand
One Foot Out the Door
Take a Shot at Love

by Matthew Hupert
Ism is a Retrovirus

by Dominique Lowell
*Sit Yr Ass Down or You Ain't gettin
  no Burger King*

by Jane Ormerod
Recreational Vehicles on Fire
Welcome to the Museum of Cattle

by Susan Scutti
We Are Related

by Jackie Sheeler
to[o] long

by The Bass Player from Hand Job
Splitting Hairs

by Angelo Verga
Praise for What Remains

by George Wallace
Poppin' Johnny
EOS: Abductor of Men

PHOTOGRAPHY-MEMOIR

by Mike Watt
On & Off Bass

FICTION

by Michael T. Fournier
Hidden Wheel

DADA

*Maintenant: Journal of
Contemporary Dada Art & Literature*
(Annual poetry/art journal, since 2003)

SHORT STORIES

Have a NYC: New York Short Stories
Annual Short Fiction Anthology

HUMOR

by Peter Carlaftes
A Year on Facebook

PLAYS

by Madeline Artenberg &
Karen Hildebrand
The Old In-and-Out

by Peter Carlaftes
Triumph For Rent (3 Plays)
Teatrophy (3 More Plays)

by Larry Myers
Mary Anderson's Encore
Twitter Theater

TRANSLATIONS

by Patrizia Gattaceca
Isula d'Anima / Soul Island
(poems in Corsican with
English translations)

by George Wallace
EOS: Abductor of Men (American
poems with Greek translations)

three rooms press | new york, ny
current catalog: www.threeroomspress.com

CPSIA information can be obtained at www.ICGtesting.com
Printed in the USA
LVOW13s1937031113

359783LV00003B/89/P